LE
NOUVEL ASILE D'ALIÉNÉS

DE LA SEINE

ET LES

ASILES UNISEXUÉS

PAR

le D\' E. MARANDON DE MONTYEL

MÉDECIN EN CHEF DES ASILES PUBLICS D'ALIÉNÉS DE LA SEINE

(Extrait de la *Tribune médicale*)

PARIS

IMPRIMERIE V. GOUPY, G. MAURIN Succ\'

71, RUE DE RENNES, 71

1895

LE
NOUVEL ASILE D'ALIÉNÉS

DE LA SEINE

ET LES

ASILES UNISEXUÉS

PAR

le Dr E. MARANDON DE MONTYEL

MÉDECIN EN CHEF DES ASILES PUBLICS D'ALIÉNÉS DE LA SEINE

(Extrait de la *Tribune médicale*)

PARIS

IMPRIMERIE V. GOUPY, G. MAURIN Succ^r

71, RUE DE RENNES, 71

1895

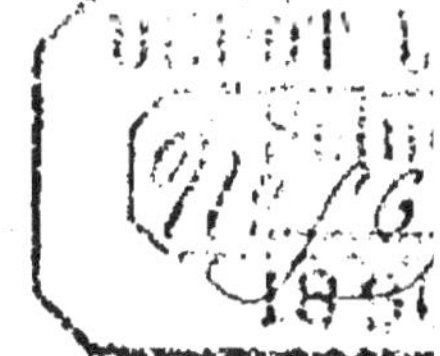

LE
NOUVEL ASILE D'ALIÉNÉS

DE LA SEINE

ET LES

ASILES UNISEXUÉS

Une assez forte opposition s'est manifestée au sein de la Commission de surveillance des Asiles publics d'aliénés de la Seine contre la création projetée par le Conseil général d'un établissement pour la cure des buveurs. Ce n'est certes pas que les honorables membres de cette commission soient, en principe, des adversaires du traitement de l'ivrognerie, mais ils estiment que les aliénés méritent de passer avant les alcooliques, et que, jusqu'à complète assistance de ceux-là, il n'y a pas lieu de s'intéresser à ceux-ci. Or, cette complète assistance des aliénés est loin d'être réalisée dans la Seine. Chaque année l'Administration est contrainte, faute de places, d'envoyer en province, loin de leur pays, de leurs familles et de leurs amis, un nombre encore assez considérable de malades, et quelque soin qu'elle prenne de composer ces transferts de sujets peu ou point visités, ce n'est pas sans un certain fondement qu'ils ont été qualifiés de barbares. Mais il y a plus, il y a que cette ressource désespérée des transferts devient de plus en plus précaire par l'encombrement qui a fini par gagner jusqu'aux établissements provinciaux eux-mêmes, lesquels sont forcés de négliger de secourir leurs propres aliénés pour recevoir les nôtres, d'où plaintes et récriminations bien justifiées. Aussi avait-il été tout d'abord décidé que les douze cents places du nouvel asile de la Seine seraient exclusivement réservées aux femmes, bien plus nombreuses que les hommes, et voilà que de ces douze cents places on veut en prendre cinq cents pour essayer de guérir les ivrognes ! La folie est une maladie cruelle, digne de toutes les sympathies, l'ivrognerie est un vice honteux, avant d'édifier un asile aux buveurs, dit-on, commençons par assurer l'assistance de nos femmes aliénées.

Cette prédominance du sexe féminin sur le masculin en matière de folie n'est pas exclusive à la Seine, c'est là un fait commun à toutes les grandes agglomérations. Il y a longtemps déjà que par des recherches statistiques très minutieuses Trélat, dans son étude sur les causes de la folie, a établi que les campagnes fournissaient plus d'hommes aliénés et les villes plus d'aliénées femmes. J'ai pu, à Marseille et à Toulouse, vérifier l'exactitude de cette assertion, tout comme à Paris. A Saint-Pierre, qui reçoit exclusivement les malades de la grande cité phocéenne, le sexe féminin fournit un contingent beaucoup plus élevé que le masculin. Mais à Bracqueville surtout, où arrivent tous les aliénés de la Haute-Garonne, j'ai été mieux encore en mesure de m'assurer que Trélat avait dit vrai, car Toulouse et le reste du département nous envoyaient des aliénés des deux sexes exactement dans la proportion inverse indiquée par le savant aliéniste. La raison qu'il en a fournie est la bonne. La vie de la femme dans les campagnes est d'ordinaire aussi calme et régulière qu'elle est énervante et exaltée dans les villes, tandis que les hommes, ici et là, trouvent des cabarets pour s'enivrer et tous les soucis du *strugle for life*. Il n'est donc pas surprenant que dans une cité comme Paris les services de femmes soient beaucoup plus encombrés que les services d'hommes. Mais en outre, si les entrées de celles-ci sont plus nombreuses, leurs sorties et leurs décès sont plus rares, deux autres causes d'encombrement qui viennent s'ajouter à la précédente. Le mouvement des guérisons est plus marqué du côté des hommes, car les folies éphémères, toxiques et professionnelles, comme l'alcoolique et la saturnine, y sont plus fréquentes ; le mouvement des décès est moins accentué du côté des femmes, car les affections organiques du cerveau et la paralysie générale les frappent moins, et, quand celle-ci les atteint, elle met à les tuer au moins deux fois plus de temps. Pour donner une idée de la différence qui, à cet égard, existe à Ville-Évrard entre le service du docteur Febvre et le mien, je dirai que de 1888, année où nous sommes entrés en fonctions ici, à 1895, soit en sept ans, mon collègue, pour désencombrer ses quartiers, a dû transférer en province 953 aliénées, tandis que, dans le même temps, je n'y ai envoyé que 416, c'est-à-dire plus de moitié moins.

Il était donc tout naturel qu'avant l'éclosion de la question de la cure des buveurs et de la construction d'un asile spécial d'ivrognes, il fût décidé que le nouvel asile d'aliénés de la Seine serait exclusivement donné aux femmes. Cependant une grosse objection se présentait : la condamnation, après expérience, par la presque unanimité des aliénistes, des établissements unisexués. Il convient d'être fixé sur sa valeur, car nous aurons dans un instant à parler d'un intéressant projet du docteur Febvre qui, tout en respectant les décisions du Conseil général relatives à la création d'un asile de buveurs, réalise des économies considérables en n'hospitalisant que des hommes dans le nouvel établissement et que des femmes dans celui existant actuellement à Ville-Évrard, soit donc deux asiles unisexués.

Il est mauvais, très mauvais, a-t-on dit, et c'est là l'opinion formulée dans leur grand Rapport de 1874, par les inspecteurs généraux Lunier, Duménil et Constans, de n'avoir qu'un seul sexe dans un asile, et cela tant au point de vue économique qu'au point de vue scientifique. En effet, il n'est pas contestable que dans un établissement d'aliénés, certains travaux, tels la couture, le repassage, ne peuvent être confiés qu'à des femmes; tels autres, la cordonnerie, l'ébénisterie, qu'à des hommes; avec l'asile unisexué, force est d'avoir, selon le sexe hospitalisé, un énorme personnel masculin ou féminin, qui coûte fort cher pour exécuter ces travaux qui, dans les asiles mixtes, sont faits par les malades. A l'appui des inconvénients du système, on citait l'exemple des deux asiles unisexués du Nord, Armentières et Bailleul; ceux de la Seine-Inférieure, situés, l'un à Rouen, l'autre à Sotteville; enfin ceux de la Gironde, à Bordeaux et à Cadillac. Tout cela est parfaitement exact et, au point de vue économique, l'asile unisexué *isolé* ne saurait se défendre. Mais je dis *isolé*, car si, au lieu d'un, on a deux asiles unisexués, assez rapprochés l'un de l'autre pour échanger leurs bons offices et s'entr'aider, l'argument de la dépense n'a plus sa raison d'être. L'expérience, d'ailleurs, vient d'être réalisée avec succès dans la Seine-Inférieure, qui a transporté à Sotteville, tout près de son établissement d'hommes, son asile de femmes autrefois au chef-lieu; ces deux maisons ont leurs services généraux communs, or le département a réalisé de ce chef des économies considérables, telles qu'avec le temps elles couvriront et au delà les frais de la nouvelle installation. Voulant construire un asile uniquement pour les femmes, le Conseil général de la Seine eût donc commis une grave faute de l'isoler de ses autres maisons d'aliénés, mais rien ne s'opposait à ce que l'emplacement choisi fût voisin d'une de celles-ci.

J'irai même plus loin, j'irai jusqu'à dire qu'au lieu de construire d'immenses asiles mixtes, il est mille fois préférable d'édifier deux petits établissements unisexués dans le voisinage l'un de l'autre, de telle sorte que tout en étant absolument indépendants, ils puissent opérer entre eux l'échange de services dont nous venons de parler. La raison? Elle a été fournie en termes excellents par mon collègue de la division des femmes à Ville-Évrard. Depuis quelques années, remarque le docteur Febvre, les termes asiles-casernes se retrouvent dans toutes les publications qui ont trait aux asiles d'aliénés; ils semblent jeter le discrédit sur ce qui a été fait, et indiquent une sorte de réprobation pour tout ce qui peut rappeler les vastes bâtiments d'autrefois; et personne ne songe à sortir de l'ornière de l'asile mixte; partout les mots d'asile ouvert, de liberté, sont prononcés et, par une singulière inconséquence, on ne s'aperçoit pas que presque toutes les améliorations apportées dans ce sens ne concernent que les hommes. Comment, en effet, répartir d'une façon égalitaire cette liberté entre les hommes et les femmes? Et il ajoute : A Ville-Évrard, l'asile ouvert, le seul asile ouvert, je vois bien les hommes aliénés circuler librement, je les vois chaque jour plus libres, plus exigeants, mais je vois aussi comme conséquence de cette liberté la séquestration de plus en plus complète des femmes; le progrès, pour avoir une réelle valeur, doit, en fait d'assistance, pouvoir s'appliquer à tous les malades; pour les aliénés, puisqu'il s'agit de

liberté, il doit étendre ses bienfaits à toute la population malade de nos asiles.

Le docteur Febvre est dans le vrai, le traitement de la
folie par toute la liberté que comporte l'état mental du
malade n'est complètement applicable qu'avec l'asile unisexué ; or ce traitement par la plus grande liberté possible est d'une importance si capitale que tout ce qui est
susceptible de l'entraver doit être évité. Un grand mouvement, auquel jusqu'ici nous sommes restés trop étran-
gers, s'opère dans l'assistance de la folie pour faire
tomber les murs des asiles comme jadis tombèrent les
chaînes à la voix de Pinel, car l'expérience a démontré
que, parmi leurs hôtes, 30 0/0 au minimum avaient
besoin d'être tenus enfermés dans leurs quartiers à
cause de leur caractère dangereux, et que les 70 0/0
restant pouvaient circuler librement sans inconvénient,
pourvu qu'ils fussent dirigés et surveillés, en même
temps qu'ils en retiraient les plus grands avantages
pour leur prompt retour à la raison. En ce qui me con-
cerne, depuis sept ans que je dirige le service médical
des hommes à Ville-Évrard, s'il n'a pas été dans mes
moyens de changer les dispositions matérielles de la
maison, du moins en ai-je ouvert largement les portes,
si bien qu'en ce moment plus de 60 0/0 de mes malades
circulent en toute liberté, et cela sans que j'aie eu
jusqu'ici lieu de le regretter. Mais par contre, je le
reconnais, j'ai contraint par là mon collègue de la division des femmes à une surveillance et à une circons-
pection de plus en plus grandes. Il est évident que
plus les hommes sont libres de circuler, plus il devient
dangereux d'accorder la même latitude aux femmes ;
l'aliéné le plus inoffensif du monde ne perd pas sa qua-
lité d'homme, et sur ce point reste toujours dangereux.
Avec l'asile unisexué ce danger disparaît. Il est donc
de l'intérêt des malades de le réaliser, d'autant plus
que le fameux argument économique n'a plus de valeur
en adoptant les dispositions que nous avons indi-
quées.

Ces dispositions soulèveront certainement une objection. Un axiome de vieille date, puisqu'il est latin, dit :
Invidia clericorum mala sed medicorum pessima.
Le conflit, s'écriera-t-on, existera à l'état permanent
entre vos deux établissements unisexués à services
généraux communs. Ma réponse sera courte. A cet

égard l'expérience, en effet, est réalisée depuis plus de quinze ans dans les deux asiles unisexués de la Seine-Inférieure qui, placés en face l'un de l'autre, s'entr'aident mutuellement. J'ai pris l'avis de M. le docteur Giraud, directeur médecin en chef de Saint-Yon, qui m'a répondu que non seulement en neuf ans il n'avait jamais eu la moindre difficulté avec son collègue de Quatre-Mares, mais que leurs prédécesseurs, dans les deux établissements, dont l'un pourtant est resté légendaire par la violence de son caractère et ses emportements, n'en avaient pas eu davantage. Si on prétend que d'autres en auront, je dirai que ce sera de leur faute et non celle de l'institution, puisque l'expérience de Rouen prouve péremptoirement qu'elle est capable de fonctionner sans heurt ni difficulté. D'ailleurs la méthode employée entre Saint-Yon et Quatre-Mares pour éviter tout conflit est excellente et mérite d'être adoptée : les réclamations, quand il s'en produit, ont lieu d'économe à économe, ou de directeur à directeur; aucun rapport ne s'établit entre l'économe d'un établissement et le directeur de l'autre; les deux services administratifs restent ainsi parfaitement distincts.

Mais il importe de serrer de plus près encore la question, car il est de mode dans la Seine de construire des asiles-casernes et c'est encore un établissement de ce genre dont on vient de décider l'édification. Saint-Yon et Quatre-Mares sont dirigés par des directeurs médecins secondés par des adjoints et des internes. Dans maints écrits je me suis trop élevé contre la réunion des services administratifs et médicaux et contre le trop grand nombre de malades confiés à un seul médecin pour que mon opinion soit douteuse. L'asile-caserne projeté devra comporter, de toute nécessité, un directeur administratif et deux médecins en chef. Or le partage d'un service à un seul sexe est très difficile, si ce service n'est pas double, chacun ayant ses quartiers propres et son absolue autonomie. Donc, dans la construction d'un asile-caserne unisexusé, il est indispensable de prévoir cette difficulté et de réaliser deux sections au complet, absolument distinctes, afin que chacune puisse avoir son médecin et ses malades. Mais alors il y a lieu de se préoccuper des relations qui existeront forcément entre les deux services médicaux, puisque les aliénés de l'un et de l'autre seront occupés aux mêmes travaux, soit dans les champs, soit dans les ateliers, soit dans les services généraux, selon le sexe hospitalisé. Ces rapports sans conteste seront plus délicats que ceux d'asile à asile. Aussi serait-il préférable d'avoir de petits asiles unisexués de 300 à 400 lits ne comportant qu'un seul service médical. Je crois cependant que l'accord régnera dans le double service, s'ils sont complets, de telle sorte qu'il ne soit jamais nécessaire d'opérer entre eux de mutation de malades. J'ajouterai qu'il devra être établi en principe que sous aucun prétexte il n'y aura non plus mutation de serviteur ou de servante. A cette double condition seulement on évitera les conflits, surtout dans les établissements féminins, où les jalousies et les commérages auront toujours plus libre cours et plus d'importance que dans les masculins.

Enfin les adversaires des asiles unisexués ont avancé, non à tort, qu'il était utile, indispensable même pour les recherches scientifiques d'être en mesure de les poursuivre sur les deux sexes. Je ne contesterai pas qu'un petit service mixte permet au savant d'établir des comparaisons avantageuses chez l'homme et chez la femme tant au point de vue de l'investigation thérapeutique que de l'investigation pathologique. Mais tout d'abord, à moins d'aller dans des trous de province, on ne trouve pas dans les grands centres de ces petits établissements mixtes; les départements estiment que cela coûte trop cher et qu'il est bien plus économique d'avoir un immense asile-caserne; il en résulte que dans ces vastes asiles mixtes le médecin n'a jamais qu'un service unisexué, ainsi il en est dans les quatre asiles de la Seine, à Lyon et à Marseille. Ce qu'on désire à cet égard est donc un idéal irréalisable. Mais il y a plus, il y a que l'asile unisexué est nécessaire aux aliénés pour leur traitement par la liberté, ainsi que nous l'avons établi plus haut en rapportant les très justes réflexions du D' Febvre, dès lors la science doit s'incliner; l'intérêt du malade passe avant le sien.

C'est en se basant sur les avantages que l'aliéné est à même de retirer de l'asile unisexué pour sa guérison, que M. le D' Febvre a été amené à proposer d'avoir, à Ville-Evrard, au lieu de deux établissements mixtes, deux établissements à un seul sexe, et ce, en réalisant une économie considérable non seulement dans la construction de la nouvelle maison, mais encore dans la dépense de son fonctionnement, car chargé à diverses reprises de l'intérim de la direction il avait pu se rendre compte des ressources qu'offraient la buanderie et les séchoirs, les salles de pliage, de repassage et de couture de l'établissement existant et s'assurer que tous ces divers services généraux suffiraient largement aux besoins du nouvel asile. En conséquence, mon collègue propose de supprimer ces divers services dans celui-ci, de n'y mettre que des hommes et de n'avoir que des femmes dans l'asile actuel.

A Ville-Evrard, nous apprend le Dr Febvre, la buanderie est une des mieux conditionnées des asiles de la Seine. Très étendue, très élevée, pourvue de quatre bassins dont deux sont rarement employés, flanquée d'une salle de pliage extrêmement vaste et bien éclairée, elle pourrait, à son avis, suffire pour assurer les besoins des deux établissements. Bien plus, si toute la population aliénée de la maison était féminine, les services pourraient se faire sans l'aide des femmes à la journée ordinairement employées. Les autres services généraux, couture et repassage, se prêteraient facilement au même but. Par suite, en effet, de la désaffectation de l'ancienne cuisine, l'atelier de repassage va être transféré prochainement dans un vaste local qui servait autrefois de magasin. Reste l'atelier de couture dont on peut à volonté augmenter l'étendue. Ainsi, sans constructions nouvelles, avec les seules ressources actuelles, le projet est réalisable.

Au moment où tous les services généraux de Ville-Evrard sont sur le point d'être agrandis, améliorés ou déplacés; alors que dès à présent il est décidé en principe que l'eau et l'électricité seront fournies au nouvel asile par les usines de l'établissement existant, il semble naturel et logique au docteur Febvre de donner à tous ces grands services une même destination. Une telle résolution serait, à son avis, non seulement justifiée par une économie facile à concevoir, mais elle serait encore appuyée sur une considération qui a bien sa valeur, car elle assurerait l'unité de direction que l'on doit toujours rechercher en matière d'administration.

Le docteur Febvre examine ensuite ce qu'il conviendrait de faire des ateliers où les hommes se consacront à la couture, à la cordonnerie, à la serrurerie et à la forge, ateliers qui n'auraient plus leur raison d'être, si l'établissement mixte actuel était transformé en un asile unisexué féminin. Si l'on veut bien considérer d'une part, dit-il, l'encombrement de la division des femmes de l'asile, encombrement poussé à ses dernières limites et qui pourrait être corrigé jusqu'à un certain point, en utilisant les constructions peu élevées et peu étendues qui servent d'ateliers, et d'autre part les conditions mauvaises dans lesquelles ont été établis ces ateliers, on ne tardera pas à s'apercevoir que, même de ce côté, une grande économie peut être réalisée. L'expérience a démontré que ceux-ci sont mal situés, échappent à la surveillance pendant la nuit, sont fréquemment dévalisés. Leurs chefs, qui devraient être responsables, loger à côté d'eux, une fois la sortie du travail affectuée, ne peuvent exercer ni contrôle ni surveillance. Ces mêmes chefs seraient employés à diriger les ateliers à construire dans le nouvel asile, d'où économie considérable de personnel. Cette économie dans le personnel se retrouverait pour tous les services généraux communs, buanderie, séchoir, pliage, repassage, couture, sans compter qu'avec deux services de femmes les bras ne manqueront pas, ce qui permettra de supprimer les employées à la journée.

Le projet du docteur Febvre consiste donc à utiliser toutes les constructions occupées actuellement par la division des hommes pour le traitement des femmes, ce qui ferait de l'établissement mixte existant un asile unisexué féminin dont les services généraux desserviraient le nouvel asile qui serait, lui, un asile unisexué masculin. Les ateliers devenus inutiles se prêteraient facilement à l'hospitalisation de gâteuses ou d'infirmes. Ils sont, en effet, constitués par des bâtiments pourvus simplement d'un rez-de-chaussée. Avec quelques modifications de détails, ils rempliraient toutes les conditions hygiéniques réclamées pour de tels malades. Il suffirait d'établir des parquets, d'assurer la ventilation et le chauffage. Entre les ateliers et les quartiers de la section se trouve un emplacement qui pourrait être transformé en jardin ou en préau. Ceux-là sont en outre séparés les uns des autres par des jardinets qui seraient affectés à ces nouveaux quartiers de gâteuses. Quant au chiffre de malades traitées il serait le même que celui prévu pour le nouvel asile, soit 700.

Enfin, remarque encore le docteur Febvre, deux asiles unisexués à services généraux communs au lieu de deux asiles mixtes ayant chacun les leurs n'ont pas seulement le grand avantage de réduire de moitié les frais du personnel, grosse économie qui, se répétant chaque année, finit par prendre des proportions énormes avec le temps et de diminuer les dépenses de construction, mais encore de permettre de donner un cachet nouveau à l'ensemble des bâtiments. J'ai déjà signalé plus haut que depuis plusieurs années une vigoureuse campagne était menée à l'étranger contre le mode actuel d'hospitalisation des aliénés, contre les murailles qui enserrent, les sauts de loups, les galeries couvertes, la symétrie impeccable des quartiers qui ne permettent aucune illusion sur le triste milieu où on se trouve. Avec raison le docteur Febvre trouve la cause principale de cette symétrie constante, qui se remarque entre les divers bâtiments d'un asile mixte, dans l'obligation de construire un grand nombre de services généraux au centre de la maison, cette obligation entraînant une orientation différente pour l'un ou l'autre service. S'il n'y a à se préoccuper ni de la buanderie, ni du repassage, ni du pliage, ni des séchoirs, ni de la couture, il devient plus facile de varier la disposition et l'aspect des quartiers.

Tel est le projet, avec les raisons à l'appui, que propose mon collègue de Ville-Evrard. A mon avis, il n'est pas douteux que ce serait une faute lourde de construire dans le nouvel asile de nouveaux services généraux dont l'édification sera coûteuse et dont le fonctionnement exigera un personnel nombreux entraînant une dépense, celle-là annuelle, très élevée, si les services généraux existant actuellement à Ville-Evrard sont en état de suffire aux besoins des deux établissements. Qu'il en soit ainsi, on peut sur ce point s'en rapporter au docteur Febvre qui a été chargé, par plusieurs fois, de la direction administrative de la maison, et qui a eu la précaution d'aller s'assurer à la Salpêtrière de l'installation qui dessert la plupart des hôpitaux de Paris. Toutes proportions gardées, il a vu que la buanderie de cet établissement est loin d'être un modèle, comparée à celle de Ville-Evrard ; elle lui serait même de beaucoup inférieure sous bien des rapports. Les salles de pliage sont loin également d'offrir une installation irréprochable. Le service de la lingerie pour les hôpitaux est néanmoins organisé avec une régularité parfaite.

Ce projet du docteur Febvre ne porte aucune atteinte à la décision prise par le Conseil général de la Seine d'hospitaliser 700 femmes et de construire un asile spécial de 500 buveurs ; les 700 femmes, au lieu d'être placées dans le nouvel établissement, le seraient dans l'établissement existant, et ce sont des hommes que recevrait celui-là. Mais nous avons rapporté que cette création d'un vaste asile d'ivrognes avait soulevé une assez vive opposition au sein de la Commission de surveillance des asiles de la Seine, opposition basée sur le très grand nombre de femmes aliénées que l'administration est obligée de transférer au loin en province, et dont à son sens il conviendrait de s'occuper tout d'abord, sauf à s'intéresser après aux habitués d'estaminet. Ainsi, d'un côté sont ceux qui demandent le traitement des buveurs et, pour le réaliser, enlèvent aux femmes aliénées 500 des 1,200 lits du nouvel asile ; de l'autre, ceux qui réclament pour elles la totalité de ces lits. N'y aurait-il aucun moyen de contenter les uns et les autres, de mener à bien la cure des ivrognes tout en abandonnant complètement aux aliénées du sexe féminin l'établissement qu'on va construire ? Certainement. Le docteur Febvre a démontré que sans constructions nouvelles il était possible aux services généraux de Ville-Evrard de suffire aux besoins des deux asiles ; il y a encore que Ville-Evrard peut parfaitement réaliser avec ses seules ressources le traitement des alcooliques, tel du moins qu'on semble décidé à l'entreprendre.

Que cette cure doive être tentée, je suis de ceux qui répondent bien haut : oui. J'ai longuement exposé, dans la *France médicale*, l'an dernier (numéro du 5 octobre 1894), les raisons qui militent en faveur de cette entreprise, il est donc inutile de les développer ici à nouveau. En outre, dans ce même travail et dans un autre publié par la *Gazette des Hôpitaux*, je me suis efforcé de démontrer que l'établissement projeté devait être un *Hôpital général d'alcooliques*, en conséquence disposé de façon à hospitaliser toutes les catégories d'ivrognes, les délirants et les non délirants, et, parmi ceux-ci, aussi bien ceux qui s'enivrent que ceux qui ne se grisent jamais malgré leurs excès, aussi bien les malades que les valides, c'est-à-dire être tout à la fois un asile d'aliénés, un hospice, une colonie industrielle et agricole. Cette conception, la seule vraie et féconde, à mon avis, en résultats pratiques, n'a pas reçu l'approbation de tous. Ainsi pour M. Magnan, chargé avec M. l'architecte Salleron du rapport sur les résultats du concours pour la construction du nouvel asile, l'idéal pour le traitement des alcoolisés serait de les réunir, comme en Suisse, par groupes de 40 ou 50 dans des établissements distincts avec ateliers, ferme et terrains de culture, et, s'il renonce à ce projet, c'est qu'il entraînerait une organisation excessivement dispendieuse, sans compter les difficultés inouïes dans le recrutement du personnel supérieur de la douzaine d'établissements de ce genre qu'il faudrait pour le moins, vu le grand nombre de buveurs à hospitaliser dans la Seine; mais M. Magnan ne veut ni malades paralysés, ni faibles, ni gâteux, pas même d'infirmerie; deux salles de huit à dix lits chacune, dans un des pavillons, séparées l'une de l'autre par deux chambres d'infirmiers et un passage avec deux portes. Voilà tout ce qu'il concède à la pathologie interne de l'alcool.

De son côté, M. Legrain trouve évident que tous les buveurs indistinctement ne sauraient être destinés à un asile spécial. A son avis, une sélection doit être opérée, et certains aliénés alcooliques appartiennent de droit aux asiles existants, de même que certains autres alcooliques sont tout indiqués pour des hospices d'incurables. Contrairement à mon opinion, il pose en principe qu'un asile d'alcooliques ne doit pas être un hospice général, et il n'accepte dans l'établissement que deux catégories de buveurs : 1° ceux qui, étant victimes d'*habitudes* alcooliques et dont l'état de folie est lié indubitablement à des excès *habituels* de boisson, *peuvent encore* bénéficier du traitement spécial de l'ivrognerie d'habitude; 2° ceux qui, pour cause de sécurité publique, doivent être *retenus au delà de la*

guérison des accidents alcooliques proprement dits.
Ainsi mon distingué collègue de Ville-Evrard fait de
l'habitude la condition indispensable du traitement de
l'alcoolique par l'asile spécial et l'abstinence forcée.
Mais n'est-ce pas comme si, avant d'admettre un malade atteint de fièvres intermittentes dans un hôpital
de paludéens afin de le traiter par la quinine, on at-
tendait que son impaludisme fût devenu chronique ?
L'asile spécial avec l'abstinence forcée est le quinquina
de l'ivrognerie, il est essentiel dès lors de le prescrire
dès la première crise. Il serait donc regrettable de
frapper d'ostracisme, comme le demande M. Legrain,
et les aliénés chez lesquels l'accès d'aliénation a été
occasionnellement engendré par un abus momentané
de spiritueux et les délirants alcooliques qui ne présentent pas ce double caractère d'être des buveurs
d'habitude encore curables et de constituer, par ce fait
seul, un danger pour la sécurité publique.

A l'inverse de M. Legrain, M. Sérieux, beaucoup
plus dans le vrai, je crois, dit que c'est de préférence
aux alcooliques *débutants* qu'il faut s'adresser, aux
internés *pour la première fois*, chez lesquels l'in-
toxication n'est pas très ancienne, car ce sont ces buveurs débutants, qui, toutes choses égales, présentent
le plus de chances de guérison. Bien loin de vouloir
que *l'habitude* soit la condition nécessaire de l'admission, le très distingué médecin-adjoint de Villejuif
pense qu'il faudrait éliminer dans la mesure du possible
les ivrognes de profession, à moins qu'ils ne fussent
encore manifestement curables. Mais pas plus que M. Magnan, ni M. Legrain, M. Sérieux ne veut que l'asile des
buveurs soit un hôpital général d'alcooliques et, de
même que pour celui-là, son idéal est le chalet suisse de
50 lits au maximum.

Si, comme ces collègues le demandent, à cela doit
se réduire l'asile spécial projeté, je dis qu'il est parfaitement inutile d'édifier de nouvelles constructions
dans ce but et de priver les femmes aliénées, qui ont un
si urgent besoin de places pour n'être pas exilées en
province, des 500 lits qu'on veut distraire du nouvel
asile afin d'entreprendre la cure des buveurs. Car on a
à Ville-Evrard les moyens de la conduire à bien, sans
aucun nouveau bâtiment à édifier. Mon service, en
effet, se compose de deux établissements différents

qui constituent deux asiles absolument distincts ; l'un, compris dans la maison principale où se trouvent réunis les services administratifs, les services généraux et la section des femmes, est destiné à hospitaliser les agités, les infirmes et les malpropres ; l'autre, complètement indépendant, situé en pleine campagne, séparé même du précédent par une route communale, est destiné à hospitaliser les travailleurs. Du moment qu'on ne se décide pas à construire un hôpital général d'alcooliques, cet asile de travailleurs répondrait parfaitement au but qu'on se propose qui est de traiter seulement des alcooliques paisibles et en état de s'occuper.

C'est en 1880 qu'on eut l'excellente idée de construire à Ville-Evrard, au milieu de la campagne, complètement séparé de l'asile bien qu'à proximité, un établissement spécial de 300 aliénés paisibles et travailleurs, constituant une véritable colonie industrielle et agricole. Dans ce but, on a édifié à droite et à gauche d'un bâtiment central destiné au concierge et aux parloirs en bas, aux internes au premier, deux grands quartiers de 150 lits chacun, Pinel et Esquirol, et en arrière on a groupé deux à deux et se faisant face, entourés d'un mur qui se relie à celui des susdits quartiers, les quatre ateliers — tailleurs, cordonnerie, forge et menuiserie — qui se trouvent ainsi complètement clôturés et englobés dans ceux-ci. Les alcooliques y seraient fort bien, isolés du reste de l'asile.

Objecte-t-on que l'on n'obtiendra ainsi que 300 places au lieu de 500 ? Je répondrai que ces 300 places suffiront largement à tous les besoins du moment, qu'il ne s'agit plus d'un hôpital général d'alcooliques mais de traiter seulement quelques catégories limitées de buveurs. La preuve, je la trouve dans le fonctionnement de mon quartier spécial depuis un an. Du 25 avril 1894, date de son ouverture, au 1er mai 1895 ce quartier a reçu 346 buveurs, mais ces 346 sujets n'étaient pas tous des alcooliques purs ; parmi eux se trouvaient 34 vésaniques, 11 paralytiques généraux et 4 épileptiques, soit un total de 49 malades chez lesquels un appoint alcoolique avait momentanément masqué l'affection mentale et qui ont dû être versés en conséquence dans les divers quartiers de l'asile. De véritables alcooliques notre service spécial n'a donc reçu en un an que 297 sujets. Mais en l'absence de toute loi permettant de garder le buveur, après la guérison de son délire éphémère, un temps suffisamment long pour lui faire perdre sa passion, nous avons les plus grandes peines à obtenir des familles et des malades un séjour un peu prolongé ; il en résulte que le nombre des alcooliques en traitement à Ville-Evrard durant cette première année de cure spéciale n'a jamais guère dépassé une centaine, et même au moment où j'écris ces lignes, 21 mai, il n'est que de 85. Comme depuis le 25 avril de l'an dernier M. Magnan envoie à Ville-Evrard tous les alcooliques sans exception qui arrivent à l'admission de Sainte-Anne, nous sommes certain que les chiffres que nous donnons représentent exactement le mouvement de l'alcoolisme délirant à Paris traité dans les asiles de mai 1894 à mai 1895. S'il en est ainsi les 300 places de Pinel et Esquirol assureront largement ce service tout en laissant un nombre de lits suffisant à la disposition des buveurs non délirants qui voudraient de leur plein gré entreprendre une cure. Le quartier spécial que nous avons organisé aura donc eu ce premier avantage pratique de bien fixer dans quelles proportions le délire alcoolique pur est annuellement traité dans la Seine.

Mais il faut encore compter avec ceux, et ils sont légion, qui soutiennent qu'à moins d'un isolement complet de l'asile spécial l'alcool pénétrera dans l'établissement. M. Rouby n'a-t-il pas été jusqu'à proposer, malgré la dépense, un mur haut de plusieurs mètres et long de plusieurs kilomètres ! Dans le mémoire paru en octobre 1894, j'ai établi que pour empêcher la pénétration de l'alcool c'est sur le personnel qu'il fallait compter et non sur les obstacles matériels qu'il est toujours possible de franchir ou de tourner. La muraille de M. Rouby, fût-elle deux fois plus haute et deux fois plus longue, n'entravera rien, si les gardiens veulent être complaisants. Mais aujourd'hui je puis parler au nom d'une expérience d'une année. Mon quartier spécial d'alcooliques est situé dans l'asile même, au milieu des autres et à proximité des services généraux, et j'affirme que ni alcool ni vin n'y pénètrent. Une seule fois un malade s'est fait jeter par un ami un flacon de rhum par derrière le mur extérieur, nouvelle preuve que les murs n'empêcheront pas la fraude, il a été de

suite trahi par l'odeur dans ce milieu abstinent. Ce résultat, que de hautes murailles et un isolement au milieu des steppes ne m'auraient peut-être pas donné,
je le dois à des serviteurs abstinents comme les malades, à un chef de quartier surtout, digne sur ce point
de toute confiance. Or, en mettant les alcooliques à
Pinel et à Esquirol on les placera dans des conditions
d'isolement plus complètes puisque ces deux sections,
comme j'ai dit, forment un établissement isolé dans la
campagne, complètement séparé de l'asile proprement
dit. Si l'alcool ne pénètre pas dans mon service actuel,
placé au milieu des autres, il n'y a pas de raison pour
qu'il pénètre davantage là.

Et les révoltes? Quelle imprudence, dira-t-on, de
vouloir réunir dans un même quartier 150 buveurs,
gens peu endurants et capables de s'entendre, pour les
contraindre à l'abstinence. A coup sûr ils fomenteront
des complots et se révolteront. Ici encore mon expérience d'une année me permet de répondre. Moi aussi
j'ai eu ces inquiétudes, au début, quand j'ai organisé
mon quartier spécial de 75 places. Or j'ai eu occasion
de l'écrire déjà maintes fois, tous nous avons été surpris de l'obéissance, de la discipline et de la résignation que nous avons trouvées chez nos buveurs. Jamais ils ne nous ont soulevé la moindre difficulté; ils
sont les plus faciles à conduire de toute la maison et
sans conteste leur section est la plus paisible et la
mieux ordonnée : sur 297 traités, un seul s'est évadé.
Donc, sur ce troisième point encore, l'expérience que
je poursuis depuis un an me permet de dissiper toutes
les craintes et d'affirmer qu'il n'y aurait pas plus de
danger à réunir ensemble 150 alcooliques que je n'en
ai eu à en réunir 75.

Reste la grosse question du traitement moral, ce
fameux traitement moral qu'on déclare inapplicable
avec plus de 50 buveurs, car alors il n'est pas possible
d'agir individuellement sur chacun d'eux en particulier pour les arracher à leur vice. Dans mon mémoire
sur la *Cure des buveurs*, publié en novembre dernier,
par les *Annales médico-psychologiques*, je me suis
efforcé de faire justice de ces exagérations et j'ai rappelé l'opinion du docteur Crothers, le premier spécialiste de l'Amérique en la matière, qui qualifie d'estra-

plés, restés bien en arrière dans le chemin de la crédulité, ceux qui, voyant dans l'ivrogne un demi-vicieux et un demi-malade, espèrent le corriger par des appels au pouvoir volontaire et à la moralité. J'ai dit alors, et je le répète encore aujourd'hui, que quand le sentiment de la famille, quand les cris des enfants demandant du pain, n'ont pas empêché un homme de boire, il n'y a aucun espoir à fonder sur le sentiment; il ne reste plus qu'à s'adresser à l'instinct de conservation. A mon avis la base du traitement dit moral doit être de montrer au buveur, à l'aide de conférences, avec tableaux et expériences à l'appui, le mal qu'il se fait, les maladies et les souffrances aussi atroces que certaines qu'il se prépare. Or ce n'est pas individuellement, c'est surtout en commun qu'un tel enseignement est profitable, car l'esprit en sera plus frappé et plus impressionné. Eût-on un asile spécial composé de petites villas séparées qu'il conviendrait de réunir les sujets pour ce traitement moral. On voit qu'à cet égard les grandes agglomérations, fussent-elles de 150 malades, n'offrent aucun inconvénient.

Une autre partie importante du traitement moral consiste à démontrer au buveur la fausseté de cette opinion générale dans la classe ouvrière, que le vin et l'alcool sont indispensables pour suffire au labeur quotidien. Mais ici il y a mieux que des démonstrations théoriques pour entraîner la conviction, il y a l'expérience personnelle. Que le buveur contraint à l'abstinence totale travaille et il acquerra bientôt la preuve directe qu'il arrive parfaitement à accomplir la même besogne que par le passé, voire même une besogne plus lourde en dépit de cette abstinence totale. Nombreux sont les alcooliques de mon service spécial qui m'avouent avec franchise toute leur surprise que le lait, le thé et la gentiane leur procurent les mêmes forces que le vin et l'alcool. Pour réaliser cette seconde partie du traitement moral qu'importe que les alcooliques soient réunis dans des quartiers de 50 ou de 150 lits?

On le voit, si on ne veut pas construire, comme nous le demandons, un hôpital général d'alcooliques dans le nouvel asile projeté, il n'y aurait que des avantages à poursuivre avec Pinel et Esquirol la cure des bu-

veurs que nous avons commencée depuis un an; on
pourrait même la favoriser en en chargeant un médecin
en chef spécialement attaché à ces malades. J'ai eu
l'année dernière à soigner 1,232 aliénés! et on aurait
ainsi pour les femmes les 1,200 places de l'établissement
nouveau. Il n'y a pas à se préoccuper de mon service
d'épileptiques dont une partie est actuellement à Esquirol, ces malades iraient occuper le quartier de l'asile
où sont actuellement installés les alcooliques. Ce quartier leur suffirait, car leur nombre n'a pas pris les proportions sur lesquelles je comptais. Ville-Évrard est,
en effet, beaucoup plus éloigné de Paris que Bicêtre,
aussi ces malades, presque tous des jeunes gens ayant
famille et amis, n'acceptent de rester ici qu'autant qu'il
n'y a pas de places disponibles dans cette dernière
maison; nous ne retenons donc guère que le trop-plein
de Bicêtre. Mais ce que je propose n'est qu'un pis-
aller, la conséquence de l'opinion regrettable qui semble
prévaloir de n'hospitaliser que certaines catégories de
buveurs; mes préférences restent pour l'hôpital général
d'alcooliques, tel que je l'ai décrit l'an dernier; j'ai
voulu seulement montrer dans ce travail que, si on ne
l'acceptait pas, on pouvait réaliser la cure des ivrognes
avec les ressources actuelles de Ville-Évrard, ce qui
permettrait de laisser aux femmes, qui en ont un si
urgent besoin, le nouvel établissement en entier, dont
les services généraux, buanderie, repassage, pliage,
couture, seraient ceux de l'établissement existant selon
le très économique projet du docteur Febvre.

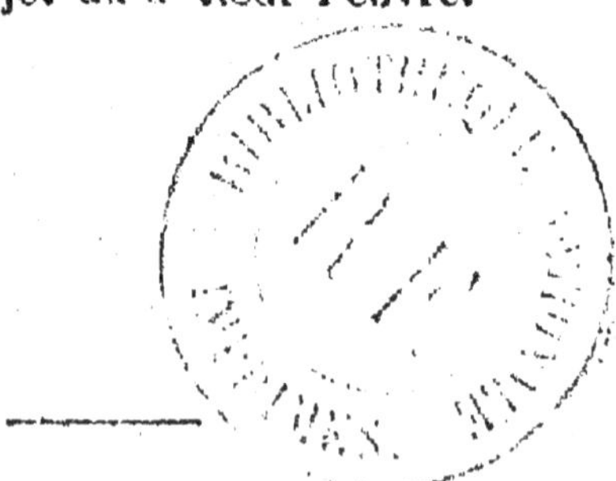